ポケット大學

伊與田覺

致知出版社

「ポケット古典シリーズ」の刊行にあたって

明治・大正期の日本では、『ポケット論語』や『ポケット老子』など、「ポケット」を冠した古典の書物が数多く出版されていました。当時の日本人は、そうした書物を携帯し、寸暇《すんか》を惜《お》しんで自己修養に努めていたのでしょう。

本シリーズでは、時代を超え、長く読み継がれてきた古典に、現代の人にも気軽に触れていただく機会を持ってほしい、という願いをこめて企画されました。古典を初めて手にされる方にも親しみやすい入門書となっています。

ぜひ本シリーズを通じて、古典の学びを人生や仕事に生かしていただければと願っています。

本書は二〇〇七年三月に弊社より刊行された
『「大学」を素読する』を改題、新装したものです。

大学《だいがく》の道《みち》は、明徳《めいとく》を明《あき》らかにするに在《あ》り。民《たみ》に親《した》しむに在《あ》り。至善《しぜん》に止《とど》まるに在《あ》り。

知徳《ちとく》を兼ね備えて世によい影響を及ぼすような立派な人物、即ち大人《たいじん》となる学問の道筋は、まず生まれながら与えられている明徳を発現《はつげん》（明らかに）するところにある。その明徳が発現されると、自《おの》ずから通ずる心一体感が生じ、誰とも親しむようになる。更に判断が正しくなり、常に道理に適《かな》った行為が出来るようにもなる。

止《とど》まるを知《し》りて后定《のちさだ》まる有《あ》り。定《さだ》まりて后能《のちよ》く静《しず》かなり。静《しず》かにして后能《のちよ》く安《やす》し。安《やす》くして后能《のちよ》く慮《おもんばか》る。慮《おもんばか》りて后能《のちよ》く得《う》。

正しい道理《どうり》を弁《わきま》えると心は一つに定まって動揺しなくなる。従って心安らいで思いをめぐらし、物事を正しく会得《えとく》して、自《みずか》ら満足して行動するようになる。

※明徳の陰《いん》が玄徳《げんとく》、玄徳の陽が明徳。

物《もの》に本末《ほんまつ》有《あ》り。事《こと》に終始《しゅうし》有《あ》り。先後《せんご》する所《ところ》を知《し》れば、則《すなわ》ち道《みち》に近《ちか》し。

物事には必ず本《もと》と末、終わりと始めがあるものである。そこで常に何を先にし、何を後にすべきかを知って行動すれば人の道に大きくはずれることはない。

古《いにしえ》の明徳《めいとく》を天下《てんか》に明《あき》らかにせんと欲《ほっ》する者《もの》は、先《ま》ず其《そ》の国《くに》を治《おさ》む。其《そ》の国《くに》を治《おさ》めんと欲《ほっ》する者《もの》は、先《ま》ず其《そ》の家《いえ》を斉《ととの》う。其《そ》の家《いえ》を斉《ととの》えんと欲《ほっ》する者《もの》は、先《ま》ず其《そ》の身《み》を修《おさ》む。

昔、明徳を天下に明らかにして平安を来《きた》そうと思う王者は、必ず自分の国をよく治めた。自分の国をよく治めようとして、まず自分の家をよく調和させた。自分の家をよく調和させようとして、まず自分の身の修養に努めた。

其《そ》の身《み》を修《おさ》めんと欲《ほっ》する者《もの》は、先《ま》ず其《そ》の心《こころ》を正《ただ》しうす。其《そ》の心《こころ》を正《ただ》しうせんと欲《ほっ》する者《もの》は、先《ま》ず其《そ》の意《こころばせ》を誠《まこと》にす。其《そ》の意《こころばせ》を誠《まこと》にせんと欲《ほっ》する者《もの》は、先《ま》ず其《そ》の知《ち》を致《いた》す。知《ち》を致《いた》すは、物《もの》を格《ただ》すに在《あ》り。

そして身を修めるに当たっては、まず自分の心を正しくした。自分の心を正そうとして自分の意識や感情を正常にしようとした。その意識や感情を正常にしようとしてまず生まれながら与えられている知恵を極めようとした。そして知恵を極めるというのは、即ち自己を正して本来にかえることである。

物《ものを》格《ただ》して后《のち》知《ち》至《いた》る。知《ち》至《いた》りて后《のち》意《こころばせ》誠《まこと》なり。
意《こころばせ》誠《まこと》にして后《のち》心《こころ》正《ただ》し。心《こころ》正《ただ》して后《のち》身《み》修《おさ》まる。

自分を正せば知恵は自《おの》ずから澄んでくる。鏡のようにわが知恵が澄《す》めば、意識や感情は正常になる。意識や感情が正常になると内なる心も正しくなる。心が正しくなることによって自ずから身が修まる。

身《み》修《おさ》まりて后《のち》家《いえ》斉《ととの》う。家《いえ》斉《ととの》いて后《のち》国《くに》治《おさ》まる。国《くに》治《おさ》まりて后《のち》天下《てんか》平《たい》らかなり。

自分の身がよく修まると一家はよく和やかに調和する。一家がよく調和すれば、一国がよく治まる。一国がよく治まることによって天下は自ずから平安となり、明徳も個々人に明らかになるのである。

※大学の八条目《はちじょうもく》の前段を願望過程、後段を実行過程として解説しているところに妙味《みょうみ》がある。

天子《てんし》自《よ》り以《もっ》て庶人《しょじん》に至《いた》るまで、壱《いっ》に是《こ》れ皆《みなみ》身を修《おさ》むるを以《もっ》て本《もと》と為《な》す。

八条目を本末という点から見ると、天子から庶人に至るまでおしなべて自分の身を修めるのが本であるという。

※近江聖人《おうみせいじん》と称される中江藤樹《なかえとうじゅ》は十一歳の時、この章に感動して聖賢《せいけん》の道に志した。

其《そ》の本《もと》乱《みだ》れて末《すえ》治《おさ》まる者《もの》は否《あら》ず。

その本である自分の身が乱れて、家をはじめ国や天下が治まることはない。

其《そ》の厚《あつ》くする所《ところ》の者《もの》を薄《うす》くして、其《そ》の薄《うす》くする所《ところ》の者《もの》を厚《あつ》くするは、未《いま》だ之《こ》れ有《あ》らざるなり。

要するに、その厚くすべき本をおろそかにして、薄くすべき末の方に力を注ぎ過ぎると、所謂本末顛倒《いわゆるほんまつてんとう》して、長い目で見れば終わりを完《まっと》うすることはできない。

※これからは以上述べてきた三綱領《こうりょう》や八条目が単なる独見ではなくて、すでに定評のある経書《けいしょ》等によって、その信憑性《しんぴょうせい》を高めようとするものが多い。

康誥《こうこう》に曰《い》わく、克《よ》く徳《とく》を明《あき》らかにすと。

康誥（書経《しょきょう》の一篇）に、「克く徳を明らかにする」とあるのは「明徳を明らかにする」を言ったものである。

大甲《たいこう》に曰《い》わく、諟《こ》の天《てん》の明命《めいめい》を顧《かえり》みると。

大甲（書経の一篇）に「諟（是）の天の明命を顧みる」とあるのは「明徳を明らかにする」を言ったものである。

帝典《ていてん》に曰《い》わく、克《よ》く峻徳《しゅんとく》を明《あき》らかにすと。
皆《みな》、自《みずか》ら明《あき》らかにするなり。

帝典（書経の一篇）に「克く峻（大）徳を明らかにする」とあるのは「明徳を明らかにする」を言ったものである。昔のこれらの聖天子は、皆自ら努めて明徳を明らかにしたのである。

湯《とう》の盤《ばん》の銘《めい》に曰《い》わく、苟《まこと》に日《ひ》に新《あら》た日日《ひび》に新《あら》たに、又《また》日《ひ》に新《あら》たならんと。

殷《いん》の湯王の洗面器に刻みつけた自戒の銘に、本当に毎日自己を新鮮にして停《てい》滞《たい》することがないようにとあるが、これは新たにすることの大切さを言ったものである。

康誥《こうこう》に曰《い》わく、新《あら》たにする民《たみ》を作《おこ》すと。

康誥篇には民がそれぞれの立場に於《お》いて、自ら進んで創造性を発揮する。即ちやる気を起こして自主的に活動するよう指導するのが政治の要道であるとある。これらは新たにすることの大切さを言ったものである。

詩《し》に曰《い》わく、周《しゅう》は旧邦《きゅうほう》なりと雖《いえど》も、其《そ》の命維《めいこ》れ新《あら》たなりと。
是《こ》の故《ゆえ》に、君子《くんし》は其《そ》の極《きょく》を用《もち》いざる所《ところ》無《な》し。

詩経《しきょう》（大雅文王篇）に、周は旧《ふる》い伝統ある国ではあるが、そのはたらきは日々に新たで止まるところがない。ここから革命に対して維新《いしん》という言葉が出てくるのである。それ故に、君子はどんな場合でも向上の工夫に全力を注いでやまない。

※朱子はこれら新の章から、三綱領の親民《しんみん》を民を新《あら》たにすると読んだが、これは古本《こほん》大学のそのまま民に（を）親しむと読み、そこから新たにするという説に私は賛同したい。

詩《し》に云《い》わく、邦畿千里《ほうきせんり》、維《こ》れ民《たみ》の止《とど》まる所《ところ》と。

詩経（玄鳥篇《げんちょうへん》）に王城の近く千里は文化も進み、生活も比較的豊かなので、民衆が集まり、長く止まる所と思うのは当然である。

詩《し》に云《い》わく、緡蛮《めんばん》たる黄鳥《おうちょう》、丘隅《きゅうぐう》に止《とど》まると。子曰《しのたま》わく、止《とど》まるに於《お》いて其《そ》の止《とど》まる所《ところ》を知《し》る。人《ひと》を以《もっ》て鳥《とり》に如《し》かざるべけんや。

詩経（緡蛮篇）に「ゆったりとしてのびやかに黄鳥（日本の鶯《うぐいす》に似た鳥をいう）が、丘《おか》のほとりに止まって鳴き続けている」とある。孔子は「鳥でさえ安《やす》んじて止まる所を知っているのに、人として止まるべき至善即《しぜんすなわ》ち正しいところを知らないでよかろうか」と言われた。

詩《し》に云《い》わく、穆穆《ぼくぼく》たる文王《ぶんのう》、於緝熙《ああしゅうき》にして敬止《けいし》すと。人君《じんくん》と為《な》りては仁《じん》に止《とど》まり、人臣《じんしん》と為《な》りては敬《けい》に止《とど》まり、人子《じんし》と為《な》りては孝《こう》に止《とど》まり、人父《じんぷ》と為《な》りては慈《じ》に止《とど》まり、国人《こくじん》と交《まじわ》りては信《しん》に止《とど》まる。

詩経（文王篇）に「深遠な風格のある文王は、ああ常に変わらず明るくて、敬《つつし》み深くゆったりとしている」とある。そのように君主となっては仁政《じんせい》を施《ほどこ》し、臣下となっては上を敬《うやま》い自ら敬んで業務に精励《せいれい》し、子となってはひたすら孝行《こうこう》を励み、父となっては慈愛《じあい》を旨《むね》とし、国人とは互いに信《まこと》を以て交わるべきである。

詩《し》に云《い》わく、彼《か》の淇《き》の澳《いく》を瞻《み》れば、菉竹猗猗《りょくちくいい》たり。斐《ひ》たる君子《くんし》有《あ》り、切《せっ》するが如《ごと》く磋《さ》するが如《ごと》く、琢《たく》するが如《ごと》く磨《ま》するが如《ごと》し。

詩経（衛風淇澳《きいく》篇）に「かの淇水《きすい》のほとりを見ると緑の竹がみずみずしく茂っている。そのように教養豊かな君子がいる、それは丁度、骨や象牙《ぞうげ》を切り、丁寧にやすりをかけてなめらかにし、石や玉をちりばめて砂で磨き上げるようなものである。

瑟《しつ》たり僩《かん》たり、赫《かく》たり喧《けん》たり。斐《ひ》たる君子《くんし》有《あ》り、終《つい》に諠《わす》るべからずと。切《せっ》するが如《ごと》く磋《さ》するが如《ごと》しとは、学《がく》を道《い》うなり。琢《たく》するが如《ごと》く磨《ま》するが如《ごと》しとは、自《みずか》ら修《おさ》むるなり。

おうようで、ゆったりとし、明るくて朗《ほが》らかな、教養のある人物は一度会えば生涯忘れることが出来ない。切するが如く磋するが如しというのは厭《あ》くことなく学び続けるということであり、琢するが如く磨するが如しというのは、自ら修養して徳を積むということである。

瑟《しつ》たり僩《かん》たりとは、恂慄《じゅんりつ》なり。赫《かく》たり喧《けん》たりとは、威儀《いぎ》なり。斐《ひ》たる君子《くんし》有《あ》り終《つい》に諠《わす》るべからずとは、盛徳至善《せいとくしぜん》、民《たみ》の忘《わす》るる能《あた》わざるを道《い》うなり。

瑟たり僩たりというのは、おうようでゆったりとしていながら、人はどことなくおそれを感ずる。赫たり喧（詩経には咺とある）たりというのはどことなくたちいふるまいに威厳があっていつまでも忘れられない。徳高く至善に止まる文王武王の風貌を民は長く忘れることが出来ないのを言ったのである。

詩《し》に云《い》わく、於戯《ああ》前王忘《ぜんのうわす》れられずと。君子《くんし》は其《そ》の賢《けん》を賢《けん》として、其《そ》の親《しん》を親《しん》とす。

詩経（周頌烈文篇《しゅうしょうれつぶん》）に「ああ前王忘れられず」とある。後の君主は、前王の尊敬した賢者を同じく賢者として尊敬し、また前王の親愛した人を変わらず親愛した。

小人《しょうじん》は其《そ》の楽《たの》しみを楽《たの》しみとして、其《そ》の利《り》を利《り》とす。此《ここ》を以《もっ》て世《よ》を没《おわ》りて忘《わす》れられざるなり。

また一般庶民は前王の遺《のこ》した楽しみを同じく楽しみとして、其の利としたところを利として恩沢を長く享《う》けている。この故に亡くなられても長く忘れられないのである。

子《し》曰《のたま》わく、訟《うったえ》を聴《き》くこと吾《われ》猶《なお》人《ひと》のごときなり。必《かなら》ずや訟《うったえ》無《な》から使《し》めんかと。情《まこと》無《な》き者《もの》は、其《そ》の辞《ことば》を尽《つく》すを得《え》ず。大《おお》いに民《たみ》の志《こころざし》を畏《おそ》れしむ。此《これ》を本《もと》を知《し》ると謂《い》う。

孔子が、「訟を聴いて判決を下すのは自分も他の裁判官と変わることはない。しかし私の窮極《きゅうきょく》の願いは訟のないような世の中にすることだ」と言われた。真実《まこと》のない虚偽《うそ》の訟は、結局言葉を尽くして言い張ることが出来なくなるものだ。要するに民が自ら省《かえり》みて、自ら畏《おそ》れて訟が出来なくさせる。

此《これ》を本《もと》を知《し》ると謂《い》う。
此《これ》を知《ち》の至《いた》りと謂《い》うなり。

これを人の道の本を知るというのである。これをまた知の至りともいうのである。

所謂《いわゆる》其《そ》の意《こころばせ》を誠《まこと》にすとは、自《みずか》ら欺《あざむ》く毋《な》きなり。悪臭《あくしゅう》を悪《にく》むが如《ごと》く、好色《こうしょく》を好《この》むが如《ごと》し。此《これ》を之《こ》れ自謙《じけん》と謂《い》う。故《ゆえ》に君子《くんし》は、必《かなら》ず其《そ》の独《ひとり》を慎《つつし》むなり。

八条目に「其の意を誠にす」というのは、自分が自分を欺かないことである。それは丁度《ちょうど》悪い臭《にお》いをかいだら本能的に鼻をすくめ、好きなよい色を見れば、本能的に目を見開いて見ようとするようなものである。これを自らあきたる「自謙」（謙は慊に通ず）というのである。そこで君子は必ず自ら自分で独りを慎むのである。

小人間居《しょうじんかんきょ》して不善《ふぜん》を為《な》し、至《いた》らざる所《ところ》無《な》し。君子《くんし》を見《み》て后厭然《のちえんぜん》として、其《そ》の不善《ふぜん》を揜《おお》いて其《そ》の善《ぜん》を著《あらわ》す。人《ひと》の己《おのれ》を視《み》ること、其《そ》の肺肝《はいかん》を見《み》るが如《ごと》く然《しか》り。則《すなわ》ち何《なん》の益《えき》かあらん。此《これ》を中《うち》に誠《まこと》あれば外《そと》に形《あら》わると謂《い》う。故《ゆえ》に君子《くんし》は必《かなら》ず其《そ》の独《ひとり》を慎《つつし》むなり。

つまらない人間は暇があると善くないことを考えて、何をしでかすかわからない。それでも立派な人物に出会うと良心が目覚めて、自分が嫌になって自分の悪いところを隠して善い方を表そうとする。しかし他人がそれを見すかすことは、現代の超音波によって、肺臓肝臓《はいぞうかんぞう》を見通すようなもので、何の役にも立たないだろう。これを中に誠があれば自然に外にあらわれ出るものだという。偽もまた同じである。故に君子は必ず独りを慎むわけである。

曽子《そうし》曰《い》わく、十目《じゅうもく》の視《み》る所《ところ》、十手《じゅっしゅ》の指《ゆび》さす所《ところ》、其《そ》れ厳《げん》なるかな。

孔子の高弟《こうてい》曽子が「多くの人が注目するところ、多くの人が指摘するところは厳正《げんせい》だなあ」と言われた。

富《とみ》は屋《おく》を潤《うるお》し、徳《とく》は身《み》を潤《うるお》す。心《こころ》広《ひろ》く体《からだ》胖《ゆた》かなり。故《ゆえ》に君子《くんし》は必《かなら》ず其《そ》の意《こころばせ》を誠《まこと》にす。

富は家をうるおし徳は身をうるおす。従って心は広く、体ものびのびとする。故に君子は必ず自分の意識や感情を正常にするように努める。

※富と徳を具有することを両潤《りょうじゅん》と言い、両潤庵や両潤軒等、家の雅号に使われることが多い。

所謂《いわゆる》身《み》を修《おさ》むるには、其《そ》の心《こころ》を正《ただ》しうするに在《あ》りとは、身《み》忿懥《ふんち》する所《ところ》有《あ》れば、則《すなわ》ち其《そ》の正《ただ》しきを得《え》ず。恐懼《きょうく》する所《ところ》有《あ》れば、則《すなわ》ち其《そ》の正《ただ》しきを得《え》ず。好楽《こうらく》する所《ところ》有《あ》れば、則《すなわ》ち其《そ》の正《ただ》しきを得《え》ず。

八条目の、「身を修むるには、其の心を正しうするに在り」とは、例えば身（心の存する肉体）に怒を含んでいる時は正しく判断することは出来ない。恐れを懐《いだ》いている時は正しく判断することは出来ない。片寄って好んだり楽しんだりするところがあれば正しく判断することは出来ない。

憂患《ゆうかん》する所《ところ》有《あ》れば、則《すなわ》ち其《そ》の正《ただ》しきを得《え》ず。心焉《こころここ》に在《あ》らざれば、視《み》て見《み》えず、聴《き》きて聞《きこ》えず、食《くら》いて其《そ》の味《あじ》を知《し》らず。此《これ》を身《み》を修《おさ》むるには、其《そ》の心《こころ》を正《ただ》しうするに在《あ》りと謂《い》う。

甚《はなは》だ心配するところがあれば、正しく判断することは出来ない。心が散漫して止まる所がなければ、視てもその真実が見えない。聴いてもその真実が聞こえない。また食べても本当の味がわからないということである。「そのようなわけで、身を修めるためには心を正しくすることが必要なのだ」というのである。

所謂《いわゆる》其《そ》の家《いえ》を斉《ととの》うるには、其《そ》の身《み》を修《おさ》むるに在《あ》りとは、人《ひと》其《そ》の親愛《しんあい》する所《ところ》に之《お》いて辟《へき》す。其《そ》の賤《せん》悪《お》する所《ところ》に之《お》いて辟《へき》す。其《そ》の畏敬《いけい》する所《ところ》に之《お》いて辟《へき》す。其《そ》の哀矜《あいきょう》する所《ところ》に之《お》いて辟《へき》す。其《そ》の敖惰《ごうだ》する所《ところ》に之《お》いて辟《へき》す。故《ゆえ》に好《この》みて其《そ》の悪《あ》しきを知《し》り、悪《にく》みて其《そ》の美《び》を知《し》る者《もの》は、天下《てんか》に鮮《すく》なし。

八条目に「其の家を斉うるには、其の身を修むるに在り」とあるのは、例えば、人は特に親しみ愛すると片寄って正常を失う。特にいやしみにくむところがあると片寄って正常を失う。特におそれうやまうところがあれば片寄って正常を失う。特にかなしみあわれむところがあれば片寄って正常を失う。また特におごりおこたるところがあれば片寄って正常を失うことになるということである。そこで好んでその者の悪い点を知り、逆に憎んでその者の美点を知る者は世の中に甚だ少ないものだ。

故《ゆえ》に諺《ことわざ》に之《こ》れ有《あ》り、曰《い》わく、人《ひと》は其《そ》の子《こ》の悪《あ》しきを知《し》る莫《な》く、其《そ》の苗《なえ》の碩《おお》いなるを知《し》る莫《な》しと。

故に昔からの諺に親はわが子の悪いことを知らない。農夫は自分の作った苗が他に比べて大きく育っているのを知らないとある。

此《これ》を身《み》修《おさ》まらざれば、以《もっ》て其《そ》の家《いえ》を斉《ととの》う可《べ》からずと謂《い》う。

これを身が修まらなければ、其の家を斉えることは出来ないというのである。

所謂国《いわゆるくに》を治《おさ》むるには、必《かなら》ず先《ま》ず其《そ》の家《いえ》を斉《ととの》うとは、其《そ》の家《いえ》教《おし》う可《べ》からずして、能《よ》く人《ひと》を教《おし》うる者《もの》は之《こ》れ無《な》し。故《ゆえ》に君子《くんし》は家《いえ》を出《い》でずして、教《おしえ》を国《くに》に成《な》す。孝《こう》は君《きみ》に事《つか》うる所以《ゆえん》なり。弟《てい》は長《ちょう》に事《つか》うる所以《ゆえん》なり。慈《じ》は衆《しゅう》を使《つか》う所以《ゆえん》なり。

八条目に「国を治むるには、必ず先ず其の家を斉う」とあるのは、自分の家の者を教えることができないで広く人を教えることの出来る者はいない。だから君子は家に在っても国人《こくじん》を教えることが出来るということである。

例えば家に在ってわが親に孝行を尽くす心が君主によく事える本になるので

ある。兄や姉に従順であることが、世に出て年上や上司によく事える本になるのである。また妻子を慈しむ心は、民衆をよく使う本になるのである。

康誥《こうこう》に曰《い》わく、赤子《せきし》を保《やす》んずるが如《ごと》しと。心誠《こころまこと》に之《これ》を求《もと》めば、中《あた》らずと雖《いえど》も遠《とお》からず、未《いま》だ子《こ》を養《やしな》うを学《まな》びて后嫁《のちとつ》ぐ者《もの》有《あ》らざるなり。

康誥（書経の一篇）に「赤子を育てるようなものだ」とあるが、国を治めるに当たり一心になって政治に携わるならば、真ん中に的中しなくとも大きく間違うことはない。それはまだわが子を育てることを充分経験してから嫁ぐ者がないようなものだ。

※三綱領の親民の例証と見るべきである。

一家《いっか》仁《じん》なれば、一国《いっこく》仁《じん》に興《おこ》り、一家《いっか》譲《じょう》なれば、一国譲《いっこくじょう》に興《おこ》り、一人貪戻《いちじんたんれい》なれば、一国《いっこく》乱《らん》を作《おこ》す。其《そ》の機《き》此《かく》の如《ごと》し。此《これ》を一言《いちげん》事《こと》を僨《やぶ》り、一人《いちにん》国《くに》を定《さだ》むと謂《い》う。

一家の中が互いに仁の心を以て和やかに睦《むつ》み合えば、自ずから仁の気風が国中に満ちるようになる。一家の中で互いに譲り合えば自ら国中に我を捨てて互いに譲り合い、力を尽くす美風が興ってくる。しかし君主が貪欲で道理を無視して我儘《わがまま》であると、国中挙《こぞ》って乱を起こすようになる。このように治乱興亡《ちらんこうぼう》のはずみは甚《はなは》だ微妙なものである。これを昔の人が、一言の使いようで事をやぶり一人のはたらきが国を安定させる原動力となると謂うのである。

堯舜《ぎょうしゅん》天下《てんか》を帥《ひき》いるに仁《じん》を以《もっ》てして、民之《たみこれ》に従《したが》う。桀紂《けっちゅう》天下《てんか》を帥《ひき》いるに暴《ぼう》を以《もっ》てして、民之《たみこれ》に従《したが》う。其《そ》の令《れい》する所《ところ》其《そ》の好《この》む所《ところ》に反《はん》すれば、民従《たみしたが》わず。

聖天子の堯や舜は天下を率《ひき》いるのに仁徳を以てしたので、民は心から悦《よろこ》んで従った。無道の王桀《けつ》や紂は天下を率いるのに暴力を以てしたので、民はこれに従って、暴力が国中にはびこるようになった。このようにその発するところの命令が、自分の好むところに反すれば民はこれに従わないものである。

是《こ》の故《ゆえ》に君子《くんし》は、諸《これ》を己《おのれ》に有《ゆう》して后諸《のちこれ》を人《ひと》に求《もと》め、諸《これ》を己《おのれ》に無《な》くして后《のち》、諸《これ》を人《ひと》に非《ひ》とす。身《み》に蔵《ぞう》する所恕《ところじょ》ならずして、能《よ》く諸《これ》を人《ひと》に喩《さと》す者《もの》は、未《いま》だ之《こ》れ有《あ》らざるなり。

そこで上位にある者は、自ら正しい道を行って人にもこれを求め、また自ら誤った行いをなくして後に人の誤りを誤りとして改めさせる。従って自分に恕の心を持たないで、よく人を喩し導くことの出来る者はない。

故《ゆえ》に国《くに》を治《おさ》むるには、其《そ》の家《いえ》を斉《ととの》うるに在《あ》り。

故に国を治めるには、まず自分の家をよく斉えるところにあるというのである。

詩《し》に云《い》わく、桃《もも》の夭夭《ようよう》たる、其《そ》の葉《は》蓁蓁《しんしん》たり。之《こ》の子《こ》于《こ》に帰《とつ》ぐ、其《そ》の家人《かじん》に宜《よろ》しと。其《そ》の家人《かじん》に宜《よろ》しくして后《のち》、以《もっ》て国人《こくじん》を教《おし》うべし。

詩経（周南桃夭篇《しゅうなんとうようよう》）に、桃の花が美しく咲き、その葉がみずみずしく茂っているように、教養豊かに成長した娘が嫁いで行き、其の家人とよく調和するとある。このように婚家の人々と和やかに調和して後に、その国の人を教えることが出来るわけである。

詩《し》に云《い》わく、兄《あに》に宜《よろ》しく弟《おとうと》に宜《よろ》しと。兄《あに》に宜《よろ》しく弟《おとうと》に宜《よろ》しくして后《のち》、以《もっ》て国人《こくじん》を教《おし》う可《べ》し。

詩経（小雅蓼蕭篇《しょうがりくしょう》）に、兄に宜しく弟に宜しとある。家の中の日常生活に於いて、君主がその地位に誇らず、兄弟が和やかに睦《むつ》み合う姿が、兄弟の道を無言で国人に教えることになるわけである。

詩《し》に云《い》わく、其《そ》の儀《ぎ》忒《たが》わず、是《こ》の四国《しこく》を正《ただ》すと。其《そ》の父《ふ》子《し》兄弟《けいてい》と為《な》りて、法《のっと》るに足《た》りて后《のち》、民之《たみこれ》に法《のっと》るなり。此《これ》を国《くに》を治《おさ》むるには、其《そ》の家《いえ》を斉《ととの》うるに在《あ》りと謂《い》う。

詩経（曹風鳲鳩《しきゅう》篇）に、君子の行為が人の道に適って、自ずから四方の国を正すとある。これは君主が家の中でよい父子、兄弟となって後に民がこれを手本とするようになるのである。これを国を治むるには、その家を斉うるに在りと謂うわけである。

所謂天下《いわゆるてんか》を平《たい》らかにするには、其《そ》の国《くに》を治《おさ》むるに在《あ》りとは、上老《かみろう》を老《ろう》として民孝《たみこう》に興《おこ》り、上長《かみちょう》を長《ちょう》として民弟《たみてい》に興《おこ》り、上孤《かみこ》を恤《あわれ》みて民倍《たみそむ》かず。是《ここ》を以《もっ》て君子《くんし》に絜矩《けっく》の道《みち》有《あ》るなり。

八条目に「天下を平らかにするには、其の国を治むるに在り」とあるのは、君主が、老人を老人として心から大切にすると、民は自ずから自分の親に孝養《こうよう》を励むようになる。君主が年長者を年長者として大事にすると、民は自ずから兄や姉に素直に従うようになる。君主がみなしごをあわれんでよく面倒を見ると、民は心から従うようになる。そこで君主には君主としてのよるべき尺度（基準）となる道があるわけである。

上《かみ》に悪《にく》む所《ところ》を以《もっ》て下《しも》を使《つか》う毋《なか》れ。下《しも》に悪《にく》む所《ところ》を以《もっ》て上《かみ》に事《つか》うる毋《なか》れ。前《まえ》に悪《にく》む所《ところ》を以《もっ》て後《うしろ》に先《さき》んずる毋《なか》れ。後《うしろ》に悪《にく》む所《ところ》を以《もっ》て前《まえ》に従《したが》う毋《なか》れ。

上位に対して嫌だと思うことを以て下位の者を使ってはならない。下位に対して嫌だと思うことを以て上位に事えてはならない。前に対して嫌だと思うことを後ろに移してはならない。後に対して嫌だと思うことを以て前に移してはならない。

右《みぎ》に悪《にく》む所《ところ》を以《もっ》て左《ひだり》に交《まじ》わる毋《なか》れ。左《ひだり》に悪《にく》む所《ところ》を以《もっ》て右《みぎ》に交《まじ》わる毋《なか》れ。此《これ》を之《こ》れ絜矩《けっく》の道《みち》と謂《い》う。

右に対して嫌だと思うことを以て左に交わってはならない。左に対して嫌だと思うことを以て右に交ってはならない。これを人間交際の尺度（基準）と謂うわけである。

詩《し》に云《い》わく、楽只《らくし》の君子《くんし》は民《たみ》の父母《ふぼ》と。民《たみ》の好《この》む所之《ところこれ》を好《この》み、民《たみ》の悪《にく》む所之《ところこれ》を悪《にく》む。此《これ》を之《こ》れ民《たみ》の父母《ふぼ》と謂《い》う。

詩経（南山有台篇）に、「ゆったりとして楽しげな君主は民の父母」とあるが、民の好むところを好み、民の悪むところを共に悪む。このように民と好悪《こうお》を共にする君主を民の父母というのである。

詩《し》に云《い》わく、節《せつ》たる彼《か》の南山《なんざん》、維《こ》れ石巌巌《いしがんがん》たり。赫赫《かくかく》たる師尹《しいん》、民具《たみとも》に爾《なんじ》を瞻《み》ると。国《くに》を有《たも》つ者《もの》は以《もっ》て慎《つつし》まざる可《べ》からず。辟《へき》すれば則《すなわ》ち天下《てんか》の僇《りく》となる。

詩経（小雅節南山篇）に「そそり立つ高いあの南山は、石がいかめしく積み重なって、天下のすべての人が仰ぎ見るように、周の大師である尹氏という人は、地位が優れて高く、民は目を睜《みは》って彼を仰ぎ見詰めている」とある。国を有《たも》つ君主は慎まねばならない。私利我欲に片寄って我儘になると、身は弑《しい》せられ、国は亡ぼされて、大きなはずかしめを受けることになる。

詩《し》に云《い》わく、殷《いん》の未《いま》だ師《もろもろ》を喪《うしな》わず、克《よ》く上帝《じょうてい》に配《はい》す。儀《よろ》しく殷《いん》に監《かんが》みるべし。峻命《しゅんめい》易《やす》からずと。衆《しゅう》を得《う》れば則《すなわ》ち国《くに》を得《え》、衆《しゅう》を失《うしな》えば則《すなわ》ち国《くに》を失《うしな》うを道《い》う。

詩経（大雅文王篇）に「殷は善政を施してまた人望を失わず上帝（天）と並んで天子の位にいたが、紂《ちゅう》に至り暴政を施して人望を失い、遂に天位を失ってしまった。そこで殷の変遷を見て、自らを顧《かえり》みる鑑《かがみ》とせよ。天の大命はそうやすやすと降るものではない」とある。これは衆望《しゅうぼう》を得れば国を得、衆望を失えば国を失うことをいうのである。

是《こ》の故《ゆえ》に君子《くんし》は先《ま》ず徳《とく》を慎《つつし》む。徳《とく》有《あ》れば此《こ》れ人《ひと》有《あ》り。人《ひと》有《あ》れば此《こ》れ土《ど》有《あ》り。土《ど》有《あ》れば此《こ》れ財《ざい》有《あ》り。財《ざい》有《あ》れば此《こ》れ用《よう》有《あ》り。

そこで君主はまず徳を慎んで積む。そうしてその高徳《こうとく》の君主を慕《した》って自《おの》ずから四方から人が集ってくる。人が集って来れば、土地が拓《ひら》ける。土地が拓けると財物が多く生産されるようになる。財物が多く生産されれば、そこからいろいろなはたらきが活発に起こってくるわけである。

徳《とく》は本《もと》なり。財《ざい》は末《すえ》なり。

要するに徳が本で財は末である。

本《もと》を外《そと》にして末《すえ》を内《うち》にすれば、民《たみ》を争《あらそ》わしめて奪《うば》うことを施《ほどこ》す。

本である徳をおろそかにして、末である財を重んずれば、遂には民を争わせて奪い合うことを勧めることになるのである。

是《こ》の故《ゆえ》に財聚《ざいあつま》れば則《すなわ》ち民散《たみさん》じ、財散《ざいさん》ずれば則《すなわ》ち民聚《たみあつ》まる。

そこで税をきびしく取り立てて、国に財が集まり過ぎると、民衆は生活が苦しくなって他国へ去って行くようになる。逆に財を活用して民衆の幸福をはかれば、その風を聞いて他国からもどんどん集まってくるようになる。

是《こ》の故《ゆえ》に言悖《げんもと》りて出《い》ずる者《もの》は、亦悖《またもと》りて入《い》る。貨悖《かもと》りて入《い》る者《もの》は、亦悖《またもと》りて出《い》ず。

これと同じく道理に反した無茶な言葉を吐くとそのしかえしとして暴言が返ってくる。また財も無理をして入れたものは、やがて意に反して出ていくものだ。

康誥《こうこう》に曰《い》わく、惟《こ》れ命常《めいつね》に于《おい》てせずと。善《ぜん》なればすなわち之《これ》を得《え》、不善《ふぜん》なれば則《すなわ》ち之《これ》を失《うしな》うを道《い》う。

康誥に「天命はいつもその人の上にあるとは限らない」とあるのは、善行を積み重ねて徳が高くなれば天命は自然に授けられるが、遂に悪行を積み重ねて徳がなくなると意に反して天命を失うということを言ったものである。

楚書《そしょ》に曰《い》わく、楚国《そこく》は以《もっ》て宝《たから》と為《な》す無《な》く、惟善《ただぜん》以《もっ》て宝《たから》と為《な》すと。

楚書（今の国語の中の楚語）に楚国には特に誇るほどの宝はないが、唯《ただ》一つ宝としているのは善行を積む優れた家臣である。

舅犯《きゅうはん》曰《い》わく、亡人《ぼうじん》以《もっ》て宝《たから》と為《な》す無《な》く仁親《じんしん》以《もっ》て宝《たから》と為《な》すと。

舅犯（晋《しん》の文公の母方の伯父）が文公を戒めて「われわれ亡命中の者には、宝とすべきものは何もない。ただ親の死に仁の道を以て対することを宝とする」と言っている。

秦誓《しんせい》に曰《い》わく、若《も》し一个《いっか》の臣《しん》有《あ》らんに断断《だんだん》として他技《たぎ》無《な》く、其《そ》の心休休《こころきゅうきゅう》として、其《そ》れ容《い》るる有《あ》るが如《ごと》し。

秦誓（書経周書の篇）に、ここに一人の重臣がある。生真面目《きまじめ》であり特に秀でた才能があるわけではないが、その心はおおらかで、すべてのものを包み込むようである。

『致知』定期購読お申し込み書

太枠内のみをご記入ください。

お買い上げいただいた書籍名	

フリガナ お名前		性別	男 ・ 女
		生年月日	西暦 年 月 日生
会社名		部署役職名	
ご住所（ご送本先）	ご自宅 会社 〒		
電話番号	ご自宅 ― ―	会社 ― ―	
携帯番号		ご紹介者	
E-mail	@		
職種	1.会社役員 2.会社員 3.公務員 4.教職員 5.学生 6.自由業 7.農林漁業 8.自営業 9.主婦 10.その他（ ）		
ご購読開始	最新号より 毎月 冊	ご購読期間	□1年間（12冊） 10,300円（送料・消費税込） □3年間（36冊） 27,800円（送料・消費税込）

※お申し込み受付後約5日でお届けし、翌月からのお届けは毎月5日前後となります。

弊社記入欄	

お客様からいただきました個人情報は、商品のお届け、お支払いの確認、弊社の各種ご案内に利用させていただくことがございます。詳しくは、弊社ホームページをご覧ください。
初回お届け号にお支払いについてのご案内を同封いたします。

FAXでも、お申し込みできます

FAX.03-3796-2108

郵 便 は が き

料金受取人払郵便

渋谷局
承 認

612

差出有効期間
2019年7月
27日まで

(切手を貼らずにお出しください。)

1 5 0-8 7 9 0

584

(受取人)

東京都渋谷区神宮前4-24-9

致知出版社 お客様係 行

特 徴

❶ 人間学を探究して41年

過去にも未来にもたった一つしかない、この尊い命をどう生きるかを学ぶのが人間学です。歴史や古典、先達の教えに心を磨き、自らの人格を高めて生きる一流の人たちの生き方に学ぶという編集方針を貫くこと41年。『致知』は日本で唯一の人間学を学ぶ月刊誌です。

❷ 11万人を超える定期購読者

創刊以来、徐々に口コミで広まっていき、現在では、経営者やビジネスマン、公務員、教職員、主婦、学生など幅広い層に支持され、国内外に11万人を超える熱心な愛読者を得ています。地域ごとの愛読者の会「木鶏クラブ」は国内外に152支部あります。

❸ 日本一プレゼントされている月刊誌

大切なあの人にも『致知』の感動と学びを届けたい。そんな思いから親から子へ、上司から部下へ、先輩から後輩へ……

様々な形で毎月3万人の方に『致知』の年間贈呈をご利用いただいています。

❹ 1200社を超える企業が社員教育に採用

『致知』をテキストとして学び合い、人間力を高める社内勉強会「社内木鶏」。

現在、全国1200社の企業で実施され、「社長と社員の思いが一体化した」「社風が良くなった」「業績が改善した」など、社業発展にお役立ていただいています。

❺ 各界のリーダーも愛読

『致知』は政治、経済、スポーツ、学術、教育など各界を代表する著名な識者の方々からもご愛読いただいています。

『致《ち》知《ち》』ってどんな雑誌なの？

有名無名、ジャンルを問わず、各界各分野で一道を切りひらいてこられた方々の貴重な体験談の紹介や人間力・仕事力を高める記事を掲載。生きていくためのヒントが満載の40年間、口コミを中心に広まってきた、書店では手に入らない定期購読の月刊誌です。

右のハガキ、または下記の方法でお申し込みください。

お申し込み方法	お支払い方法
お電話で **03-3796-2111** フリーダイヤルで **0120-149-467** 受付時間／9:00〜19:00 ※日曜・祝日を除く ホームページから https://www.chichi.co.jp/	●コンビニ・郵便局でご利用いただける専用振込用紙を、本誌に同封または封書にてお送りします。 ●ホームページからお申し込みの方は、カード決済をご利用いただけます。

『致知』の購読料は

毎月1日発行　B5版　約160〜170ページ

1年間(12冊) 10,300円
送料・消費税込(1か月あたり858円)

3年間(36冊) 27,800円
送料・消費税込(1か月あたり772円)

●『致知』は、海外にもお送りできます。(送料はホームページをご覧ください)

致知出版社 お客様係　〒150-0001 東京都渋谷区神宮前4-24-9

人《ひと》の技《ぎ》有《あ》る、己《おのれ》之《こ》れ有《あ》るが若《ごと》く、人《ひと》の彦聖《げんせい》なる其《そ》の心《こころ》之《これ》を好《よ》みし、啻《ただ》に其《そ》の口《くち》より出《い》ずるが如《ごと》きのみならず、寔《まこと》に能《よ》く之《これ》を容《い》る。以《もっ》て能《よ》く我《わ》が子孫《しそん》黎民《れいみん》を保《やす》んぜん。尚《こいねが》わくば亦《また》利《り》あらん哉《かな》。

人の優れた才能のあるのを見て、自分があるように喜び、人が大変立派だという評判があると、それを心からよいとして、単に口先でほめるだけでなく、本心からこれを受け容れる。こうしてわが子孫万民《ばんみん》を保んずるであろう。まことに心から利があるように願うばかりである。

人《ひと》の技《ぎ》有《あ》る、媢疾《ぼうしつ》して以《もっ》て之《これ》を悪《にく》み、人《ひと》の彦聖《げんせい》なる、之《これ》に違《たが》いて通《つう》ぜざら俾《し》む。寔《まこと》に容《い》るる能《あた》わず。以《もっ》て我《わ》が子孫黎民《しそんれいみん》を保《やす》んずる能《あた》わず。亦曰《またここ》に殆《あやう》い哉《かな》と。

それとは逆に、人の才能のあるのを悪み、人が秀れて評判がよいのを見て世に通じないようにする。このように本心から包み込むことが出来ない。これでは子孫万民を保んずることは出来ない。なんと危いことだなあとある。

唯仁人《ただじんじん》之《これ》を放流《ほうりゅう》し、諸《これ》を四夷《しい》に迸《しりぞ》けて、与《とも》に中《ちゅう》国《ごく》を同《おな》じうせず。此《これ》を唯仁人《ただじんじん》能《よ》く人《ひと》を愛《あい》し、能《よ》く人《ひと》を悪《にく》むを為《な》すと謂《い》う。

ただ仁人であってこういう人物を思い切って追放し、これを外国に退けて国内で共に居ないようにする。これをただ仁人のみが能く人を愛し、能く人を悪むを為すというのである。

賢《けん》を見《み》て挙《あ》ぐる能《あた》わず、挙《あ》げて先《さき》んずる能《あた》わざるは命《めい》なり。不善《ふぜん》を見《み》て退《しりぞ》くる能《あた》わず、退《しりぞ》けて遠《とお》ざくる能《あた》わざるは過《あやま》ちなり。

知徳兼備の優れた人物、賢人を見ながら挙げ用いることができず、挙げても上位に引き上げて、その能力を充分発揮させることの出来ないのは君主の怠慢（命は怠のあやまりと解する説が多い）である。不善の人を見ながら退けることができず、退けても遠ざけることの出来ないのが過ちである。

人《ひと》の悪《にく》む所《ところ》を好《この》み、人《ひと》の好《この》む所《ところ》を悪《にく》む。是《これ》を人《ひと》の性《せい》に払《もと》ると謂《い》う。菑《わざわい》必《かなら》ず夫《そ》の身《み》に逮《およ》ぶ。

人の悪むところすなわち道義にはずれた行為を好み、道義に適った正しい行為を悪む。これを人の本性にもとるという。そういう者にはわざわいが必ずその身に及んでくるものだ。

是《こ》の故《ゆえ》に君子《くんし》に大道有《だいどうあ》り。必《かなら》ず忠信以《ちゅうしんもっ》て之《これ》を得《え》、驕泰以《きょうたいもっ》て之《これ》を失《うしな》う。財《ざい》を生《しょう》ずるに大道有《だいどうあ》り。之《これ》を生《しょう》ずる者衆《ものおお》く之《これ》を食《しょく》する者寡《ものすく》なく、之《これ》を為《つく》る者疾《ものはや》く之《これ》を用《もち》うる者舒《ものおもむろ》なれば、則《すなわ》ち財恒《ざいつね》に足《た》る。

そこで君子に歩むべき大道がある。必ず忠信（まこと）の心を以て実践することによって高い地位は得られるが、おごりたかぶり、そしてなまけることによって、折角得た地位を失うことになる。財を生ずるにも大道がある。生産する者が多く、これを消費する者が少なく、生産をはやくして消費をおもむろにすれば財は常に足るのである。

仁者《じんしゃ》は、財《ざい》を以《もっ》て身《み》を発《おこ》し、不仁者《ふじんしゃ》は身《み》を以《もっ》て、財《ざい》を発《おこ》す。

仁者は財を世に施してその身をおこすが、不仁者は身を犠牲にして財をつくる。

未《いま》だ上仁《かみじん》を好《この》みて、下義《しもぎ》を好《この》まざる者《もの》は有《あ》らざるなり。未《いま》だ義《ぎ》を好《この》みて、其《そ》の事終《ことおわ》らざる者《もの》は有《あ》らざるなり。未《いま》だ府庫《ふこ》の財《ざい》、其《そ》の財《ざい》に非《あら》ざる者《もの》は有《あ》らざるなり。

まだ上位にある者が仁を好んで、下位にある者が義を好まない者はない。まだ義を好んで、物事が首尾よく終わらない者はない。まだ国庫の財も当然の財として人手に渡ったことはない。

孟献子《もうけんし》曰《い》わく、馬乗《ばじょう》を畜《か》えば、鶏豚《けいとん》を察《さっ》せず。伐氷《ばっぴょう》の家《いえ》には、牛羊《ぎゅうよう》を畜《か》わず。百乗《ひゃくじょう》の家《いえ》には、聚《しゅう》斂《れん》の臣《しん》を畜《やしな》わず。

魯《ろ》の大夫の孟献子が、下級の大夫となって四頭立ての馬車に乗り、俸禄《ほうろく》もそれなりに多くなれば、零細《れいさい》の農家の収入源である鶏や豚を飼うことを思わないようになる。更に夏氷を切って祖廟《そびょう》のお供物《くもつ》の腐敗《ふはい》を防ぐことの出来る卿太《けいたい》夫《ふ》の地位につけば、俸禄も一層多くなるので、牛や羊を飼って収入を大いにふやそうと考えなくなる。百乗を持つことの出来る家老の家では、きびしく税金を取り立てる有能な家臣を用いない。

其《そ》の聚斂《しゅうれん》の臣《しん》有《あ》らんよりは、寧《むし》ろ盗臣《とうしん》有《あ》れと。此《これ》を国《くに》は利《り》を以《もっ》て利《り》と為《な》さず、義《ぎ》を以《もっ》て利《り》と為《な》すと謂《い》うなり。

その取り立てのきびしい家臣より、むしろ家の財を横領する家臣のいる方がましである。これを国は目先の利を以て利とせず、義（道理に叶った人間の道）を以て真の利とするというのである。

国家《こっか》に長《ちょう》として財用《ざいよう》を務《つと》むる者《もの》は、必《かなら》ず小人《しょうじん》に自《よ》る。彼之《かれこれ》を善《よ》くすと為《な》して、小人《しょうじん》をして国家《こっか》を為《おさ》め使《し》むれば、菑害《さいがい》並《なら》び至《いた》る。

国の責任者として財用を司《つかさど》る者は、必ず才能の優れたいわゆるやり手によって事務を処理する。しかし彼がよく出来るからといって、これに高い地位を与えて国政に当たらせると、天災人害が共にやって来る。

善者《ぜんしゃ》有《あ》りと雖《いえど》も、亦之《またこれ》を如何《いかん》ともする無《な》し。此《これ》を国《くに》は利《り》を以《もっ》て利《り》と為《な》さず、義《ぎ》を以《もっ》て利《り》と為《な》すと謂《い》うなり。

たとえ立派な人物が下位に在っても、どうすることも出来ない。これを国は目先の利を以て利とせず、義を以て真の利とするというのである。

※曽子七十五代の直裔《ちょくえい》曽慶淳先生は文化大革命の大嵐を越えて、今中国南武山麓の曽子廟に在って先祖の祭りと教えを継承している。尊師孔子七十七代の直裔孔徳成先生と共に存在していることは世界の奇跡と言うべきであろう。

あとがき

孔子を祖とする古代中国の代表的な思想である儒教には、四書五経《ししょごきょう》と呼ばれる重要な経典があります。『論語』『中庸《ちゅうよう》』『孟子《もうし》』と並び、四書の一つに数えられる『大学』は、「修己治人《しゅうこちじん》の学」といわれるように、「己を修め、人を治める道」が段階的に説かれています。また、当社の社名であり、社業の中心である月刊誌『致知《ちち》』の名も、『大学』にある「格物《かくぶつ》致知」という言葉に由来しています。

本書は、その『大学』の初心者向けの解説書です。著者である伊與田覺《いよたさとる》先生は、大正五年六月十五日、高知県に生まれました。七歳のときに母親を亡くし、泣き続ける子を心配したおじが『論語』の素読《そどく》を教えると、これに夢中になって泣くことをやめた、といいます。以来、平成二十八年十一月二十五日に享年《きょうねん》百一（満百歳）で亡くなる最晩年まで、『論語』の素読は先生の日課となりました。青年期には昭和の碩学《せきがく》・安岡正篤先生に師事し、その薫陶《くんとう》を受け、一貫して古典を学び続けてこられました。四書五経をはじめとする中国古典の教えは先生の身体に溶け込み、あたかもそれが風韻《ふういん》となって息づいているかの如き趣《おもむき》がありました。

そんな伊與田先生との道縁《どうえん》に恵まれ、先生を講師に迎え、平成十八年七月から半年間にわたり、『致知』の愛読者を対象に、全六回の『大学』講座を開催させていただきました。講座は毎回、受講者全員で『大学』全文を素読するところから始まりましたが、全員が嬉々《きき》として活力を漲《みなぎ》らせて『大学』を素読する様子を目《ま》の当たりにし、素読の働きの大きさを改めて認識するに至りました。

そのときの感動が後に、伊與田先生直筆の墨書《ぼくしょ》に、丁寧な解説を加えた書籍『「大学」を素読する』として結実することになりました。

この『「大学」を素読する』をより多くの方々に手にしていただき、古典に親しむ礎《いしずえ》として役立てていただきたいとの思いから、このたび、ポケット版として刊行する運びとなりました。墨書の部分は活字に置き換えてありますが、伊與田先生が本書に込められた思いは何も変わるものではありません。

伊與田先生は言われています。

「自己自身を修めるには、あまり効果を期待せず、静々《しずしず》と人知れずやられるといい。それを続けていると、風格というものができてくる」

素読は若年《じゃくねん》ほど上達が早いといいます。本書を介《かい》して幼児から大学生まで、これからの時代を担う若人《わこうど》たちが『大学』を学び、古典素読の習慣が広まることを願ってやみません。そして、その学びを身体に溶け込ませた風格ある人材が一人でも多く輩出《はいしゅつ》することを祈念いたします。

平成三十一年三月吉日

株式会社致知出版社

代表取締役社長　藤尾　秀昭

装幀・本文デザイン――秦 浩司（hatagram）
編集協力――柏木孝之

〈著者略歴〉

伊與田 覺（いよた・さとる）

大正5年高知県に生まれる。学生時代から安岡正篤師に師事。昭和15年青少年の学塾・有源舎発足。21年太平思想研究所を設立。28年大学生の精神道場有源学院を創立。32年関西師友協会設立に参与し理事・事務局長に就任。

その教学道場として44年には財団法人成人教学研修所の設立に携わり、常務理事、所長に就任。62年論語普及会を設立し、学監として論語精神の昂揚に尽力した。平成28年、101歳で逝去。

著書に『「大学」を素読する』『己を修め人を治める道「大学」を味読する』『「孝経」人生をひらく心得』『中庸に学ぶ』『いかにして人物となるか』『愛蔵版「仮名論語」』『「論語」一日一言』の監修（いずれも致知出版社）などがある。

ポケット大學《だいがく》

平成三十一年四月二十五日第一刷発行

著　者　伊與田　覺

発行者　藤尾　秀昭

発行所　致知出版社

〒150-0001東京都渋谷区神宮前四の二十四の九

TEL（〇三）三七九六—二一一一

印刷・製本　中央精版印刷

ISBN978-4-8009-1204-6 C0095

ホームページ　https://www.chichi.co.jp

Eメール　books@chichi.co.jp